Dedicatória

Esse livro é dedicado a Edgar Benitez, meu amigo e professor, umas das pessoas mais corretas que eu conheço. Muita gratidão a você Edgar que, por duas vezes, me disse para escrever essa história e me incentivou a ser corajosa.

Agradecimentos

Agradeço ao querido amigo Lucival Almeida, que embarcou nesse trabalho comigo e me ajudou a realizar o sonho do segundo livro.

Agradeço a Wendell e Daniela e aos netos Samuel e Noah, que me permitem ajudá-los nesse momento de pandemia, contribuindo com meu aprendizado de vida. Essa convivência diária também se transformou em um instrumento de cura para mim.

Agradeço a meu pai Ludovico, que me ensinou sobre coragem e bom humor, e aos meus irmãos, que sabem muito bem quanto ensandecida eu sou.

Agradeço a tia Mercy e a toda a minha família, que sempre me apoiam e ajudam para que eu possa investir meu tempo e energia na carreira artística.

Agradeço a meus amigos que sempre acreditaram em mim.

E agradeço com toda força e energia a todas as pessoas que me deram atenção e carinho, especialmente durante a fase mais difícil da crise de pânico pela qual eu passei. Nem sei o nome de muitas delas, mas Deus as conhece bem, uma a uma. São anjos de carne e osso, que nem imaginam quanto me ajudaram!

Gratidão eterna a cada um de vocês!

Apresentação

Momentos difíceis, de grande aprendizado. Tudo aquilo que conto aqui realmente aconteceu? Sim, cada detalhe.

Mas a maneira de contar pode ser algumas vezes exagerada, outras vezes com detalhes omitidos. Porque – afinal - eu queria contar uma história. História de vida, claro, mas uma história. E contadores de histórias gostam de colorir ou transformar tudo em terror. Mas em cada frase, o leitor encontrará uma mensagem.

Essa história pretende mostrar que existe boa loucura e loucura demais. E que a gente não precisa viver o exagero da loucura porque, em muitos casos, esse pode ser um caminho sem volta.

E, afinal, sou sim uma mulher ensandecida! Só que não!

Regina Hennies

Madrugada de 20 de abril de 2020 (quarentena).

De repente, acordo com aquela sensação. É a crise de pânico querendo chegar. Agora aprendi a reconhecê-la, visita indesejável, sorrateira, que aparece pé ante pé, querendo me pegar de surpresa! A crise é uma mulher perigosa. Porque ela gruda na pessoa e não quer soltar de jeito algum!

Mas estou aprendendo a lidar com isso, descobri que ela é uma besta manipuladora, controladora. Mas totalmente frágil. Por isso ela provoca primeiro um grande terror e não facilita (nem um pouco) aos inexperientes (especialmente) tirarem suas mãos geladas do pescoço. E ela aperta bem, viu?

Nojenta ela é!

Mexe com todos os órgãos do corpo, coração dispara, pulmão se prende, intestino se solta, mãos suam frio, olhos enxergam o que realmente não existe, pernas ficam bambas. Caramba! Como ela é nojenta! Quer tirar da pessoa todo o equilíbrio, como um bandido que tem prazer em ver sua vitima sofrer e sofrer e sofrer... E rouba sua paz, exatamente para assistir a esse espetáculo. E se deleitar!

Essa coisa chamada crise de pânico já quase me levou à loucura quando, ingenuamente, eu pedi ajuda àqueles que estudam para aprender a como manipular uma mente com a ajuda de drogas absurdamente fortes e "paralisadoras" de vidas e vontades. Mas foi por pouco tempo. Remédios só pioram o estado físico das pessoas. E eu percebi isso bem rápido. Graças a Deus! Fiquei por pouco tempo nas mãos da crise manipulada pelos remédios. Nojenta! Só me fazia piorar e piorar.

E queriam me convencer de que isso era o certo! Até que o veneno fizesse meu corpo obedecer para sempre aos "fazedores" das drogas. E ficasse dependente. E nunca mais eu teria minha liberdade de volta.

Nojenta! Mas você não me pegou! E fica me espreitando... Tolinha... Você... Tolinha... Eu. Só que — mais consciente — já sabia que você ficaria por perto. Pensa que sou boba, não é? Tive um tempo para aprender a lidar com você, queridinha! Além de ganhar força física para lidar com tudo isso, através da Natureza e seus minérios, suas plantas, seus mistérios. Graças a Deus!

E aprendi uma coisa muito importante: você não é real! É fruto de uma mente cansada das muitas loucuras do cotidiano moderno, cheio de regras e lutas insanas para sobreviver.

Então, essa noite você resolveu me pegar mais uma vez. Querida, agora eu conheço os sons dos seus passos, o cheiro de suas artimanhas. Passa reto, vai! Sua nojenta!

Claro que a culpa é minha, que ainda não aprendi a lidar com o stress! Aí então, a sua amiguinha "ansiedade" acha que pode também liberar a sua crise e levar pelas suas mãozinhas nojentas o equilíbrio, andando naquela cordinha, lá em cima, prontinho prá cair.

Mas olha só: te peguei de novo, criatura irritante! Te peguei antes que você se instalasse em minha mente!

Já conheço seus caminhos tortuosos e sua manipulação barata.

Pare! Pare de assombrar o mundo! Pare de assombrar a minha mente!

Manhã de cinco de janeiro de 2019.

Um sábado chuvoso, até bem frio para um verão paulistano. Por conta do tempo, esperei para sair com as cachorras para um passeio rapidinho, só para um xixizinho e um pouco de distração. Minha "doguinha" velhinha e a cachorrinha que eu estava cuidando para uma amiga.

Mal sabia eu que aquele dia mudaria minha sanidade para sempre. A partir de um acontecimento totalmente escrito nas estrelas, eu teria que trilhar uma estrada que me levaria a real conscientização do poder da mente humana. Ou da mente dos seres vivos em geral.

Reviver a pior meia hora da minha vida não é legal. Mas muitas vezes é necessário para total compreensão daquilo a que chamamos crise de pânico. Depois descobri que, na verdade, esse acontecimento foi apenas um "gatilho" para que a crise acontecesse.

Voltando ao passeio, tranquilamente andávamos as três na avenida, quando uma moça (pobrezinha!) fez um carinho na cachorrinha mais nova que – assustada que era – conseguiu, numa manobra de fuga, escapar do peitoral e sair correndo loucamente para um local contrário da grande avenida (graças a Deus!).

Mas, segurando a outra cachorrinha (que tinha 16 anos na época) não consegui acompanhar a fugitiva. Nem que eu estivesse sozinha conseguiria fazê-lo porque a velocidade dela era muito alta. Senti-me totalmente perdida. A pobre moça, tão desesperada quanto eu, segurou minha velhinha e eu corri, gritando pela cachorrinha. Gritei muito, rezei gritando, sentindo uma dor tão intensa que meu organismo, por pura proteção (soube disso mais tarde, durante uma sessão de terapia em grupo) transformou isso em vazio total, para que eu não morresse ali mesmo, tamanha era a dor.

Alguns conhecidos meus daquela rua ouviram meus gritos e vieram ao meu encontro tentando me ajudar. Meu desespero era tal que todos também se desesperaram. Uma senhora me convenceu a entrar no carro dela com minha velhinha e irmos à busca da fugitiva. Nem sei como fiz isso, nem sei como seguimos pelo caminho certo. Ou seja, sei sim. Fomos orientadas pelos amigos espirituais que sempre por perto estão. Menos de cinco minutos depois, em duas ruas acima de onde estávamos a motorista avistou a cachorrinha, eu saltei do carro e a chamei para os meus braços. Graças a Deus, ela veio docemente e consegui pegá-la no colo e voltar para casa com as duas, graças à salvadora carona dessa senhora.

Desse dia até o momento em que entreguei a fugitiva nas mãos de sua mãe, não sai mais de casa! Foi um alívio enorme contar o acontecido e entregá-la sã e salva. Pensei que estava tudo em ordem, afinal.

Mas esse era apenas o começo de um ano de lutas para preservar a saúde mental e não andar nos caminhos pegajosos da insanidade. Sempre me considerei um tanto ensandecida por ser uma pessoa preocupada demais, exageradamente atenta a sentimentos e situações que envolvem os seres vivos em geral. Por isso digo ser "sandice". O que extrapola a normalidade da preocupação (que já é algo pouco normal) certamente trará consequências desagradáveis para a saúde de uma pessoa. Lembre-se disso, sempre!

Manhã de 23 de janeiro de 2019, início da crise.

Um dia de verão, sol muito brilhante. Não coloquei as lentes de contato nessa manhã porque usaria meu carro, rapidamente, para ir até a loja de ração e usaria os óculos mesmo, para descansar a vista. Mas o sol estava brilhante demais e ofuscou especialmente minha vista assim que entrei à direita na Avenida Pompéia. Pronto! Foi nesse mesmo instante que o pavor tomou conta de mim.

Assim que recebi o clarão na vista, comecei a ver pontinhos brilhantes. Sempre que via pontinhos brilhantes sabia que minha pressão arterial estava aumentando. Pressão alta para mim sempre foi algo muito assustador porque minha mãe morreu de AVC, em 1981, por conta de pressão arterial muito alta.

Nesse momento, o gatilho de stress causado naquele dia em que a cachorrinha fugiu (e em outros momentos da minha vida já bem estressante) tomou a mão do medo que senti naquele momento e ferrou com tudo! Comecei a me sentir com um pouco de taquicardia, tive dificuldades para respirar e fiquei procurando um lugar para estacionar o carro e pedir ajuda. Fui seguindo pela avenida, bem devagar, sem encontrar um lugar no qual me sentisse segura o suficiente, pois parecia que perderia os sentidos!

A Avenida Pompéia, na capital paulista, é muito comprida e tortuosa e acabei por subir uma rampa bem alta e parar em uma farmácia, bem em frente a um hospital. Pelo menos me senti mais segura nesse lugar. Desci do carro e entrei na farmácia, mas as atendentes estavam todas ocupadas. Já bem desesperada e achando que fosse desmaiar, falei a uma das balconistas que estava me sentindo mal. Logo me trouxeram água e me colocaram sentada.

Comecei a respirar profundamente, buscando me acalmar para ver se parava a visão turva, que me fazia pensar que perderia os sentidos. Eu demorei um bom tempo para me sentir um pouco melhor e uma cliente viu que eu estava angustiada. Pedi a ela para atravessar a rua comigo e me levar ao pronto socorro em frente. Lá chegando, expliquei o que acontecia e pedi que me medissem a pressão. Pedi também que não me revelassem os números, só me indicassem se deveria tomar meu remédio, que eu tinha na bolsa. O que fui orientada a tomá-lo.

Após isso, comecei a me sentir mais segura para voltar para o carro e aguardar mais um pouco para voltar para casa. Só sei que, depois desse momento, minha pressão arterial só voltou a normalizar realmente mais de um mês após todo esse episódio, quando resolvi me tratar através da homeopatia. Desse dia em que me senti mal no carro, até o dia 6 de março, quarta de cinzas, fiquei com a crise me dominando totalmente. Foram alguns dos momentos mais sofridos da minha vida.

Isso tudo aconteceu dois dias antes da tragédia de um rompimento de barragem em uma cidade mineira, a qual eu assistia pela TV, aterrorizada e temendo pela saúde mental de todos os sobreviventes. E depois, em oito de fevereiro, aconteceria outra tragédia: um incêndio onde dormiam meninos que sonhavam em serem jogadores de futebol profissional um dia, mas morreram queimados, em total desespero. Essa notícia também abalou minha saúde emocional, já tão debilitada. Mais um susto três dias depois quando morria, em acidente de helicóptero, um conhecido jornalista, a quem eu ouvia pelas manhãs, no rádio do carro.

Vocês podem pensar qual o motivo de eu falar dessas coisas que aconteceram com pessoas que eu nem conhecia pessoalmente. E a resposta é simples: empatia. E, entre outras coisas, costumo sentir a dor de outras pessoas. Para os espiritualistas mais ligados ao estudo de energias, isso é bem fácil de explicar. Mas não é assunto para se abordar agora.

Realmente 2019, que estava apenas começando, mostrava que não seria uma época muito fácil mesmo. Mas, agradeço a Deus agora por essa crise ter acontecido naquele momento e eu ter tido a chance de aprender e me tratar por vários caminhos um ano antes de outro período estressante: a pandemia de 2020.

Consulta com o psiquiatra, 13 de fevereiro de 2019.

Depois de tanto medo e sofrimento, que não passava de jeito algum, compreendi que era o momento de fazer um tratamento mais "pesado" e marquei uma consulta com o psiquiatra. Claro que sabia que não encontraria um divã e o próprio Freud por lá, mas não imaginei que seria tão decepcionante.

Para chegar até o consultório já foi bem difícil, pois o metrô, meio de transporte apavorante para quem está em crise de pânico, não proporciona muita tranquilidade mesmo. Mas, enfim, lá cheguei e em cinco minutos contei o sucedido e o diagnóstico foi assombroso: sim, é síndrome do pânico. Nossa! Sem mais qualquer pergunta que pudesse confirmar minha história!

Fiquei decepcionada com a insensibilidade do doutor, especialmente quando rapidamente ele me disse como seria o tratamento, quanto tempo o remédio demoraria a fazer efeito e como esse mesmo remédio me faria piorar primeiro, antes de dar alívio ao meu sofrimento intenso.

Alguém imagina como meu pavor aumentou de 50 por cento para 150 por cento? Naquele momento, achei que nunca mais sairia desse poço fundo e escuro que é a crise de pânico e que teria que sofrer pelo resto de minha vida. De verdade, foi isso mesmo que passou pela minha cabeça: minha vida resumida e acabada pelo pânico.

Argumentei muito com o médico, pois não me conformava em entrar nesse caminho de sofrimento intenso, sem qualquer certeza da melhora. Ele me disse que quanto mais cedo eu começasse, mais rapidamente eu conseguiria me sentir plena e feliz. Não me convenci de suas palavras, mas naquele momento não via outra saída.

E fui embora com a receita de dois remédios fortíssimos, um calmante e um antidepressivo. Não entendi o fato de tomar um antidepressivo, já que não era depressão o meu problema. Mas esse psiquiatra foi o primeiro de muitos que foram questionados por mim e me disseram que depressão, ansiedade e pânico são tratados com a mesma medicação.

Até esse exato momento, qualquer que seja a data em que você esteja lendo esse livro (não importa o século, se já morri e reencarnei 300 vezes) ninguém me convencerá de que essas três doenças emocionais devam ser tratadas com a mesma medicação.

Eu acredito, inclusive, que todo o stress que passei durante o tempo que me vi dopada pelas medicações se deve exatamente pelo fato de eu ter pânico e não depressão. Acompanhem meu raciocínio: se estou deprimida, deveria tomar algo que me desse um "up". Mas se estou apavorada, deveria tomar algo que me acalmasse e não uma injeção de efervescência!

Mas, enfim, não sou médica, apenas uma xereta cósmica que nem com um calmante tarja preta sossegou e que não teve paz durante mais de 20 dias enquanto estava medicada.

Inicio tratamento com remédios, 14 de fevereiro.

Como eu estava assustada com essas medicações! Parecia para mim um caminho tão assustador, no qual eu não teria mais minha saúde mental de volta. Foram dias de intenso terror. Eu não acreditava em um remédio que demorava mais de 20 dias para começar a fazer efeito e que me traria muita angústia enquanto isso.

Nunca pensei em passar por esse tipo de coisa porque sempre acreditei que a medicina existisse para trazer alívio quando a gente se sentisse mal. Mas aquela "área da mente" parecia diferente de tudo. E como é ruim sentir-se mal daquele jeito! Não dá para explicar o que acontecia.

Cada vez que eu tomava o remédio, minha fotofobia aumentava e o medo crescia junto com ela. Então, eu não queria sair de casa, tinha medo de tudo e fui perdendo a vontade de comer, não conseguia dormir, não conseguia ter paz interior.

E, a cada dose do remédio, tudo isso ficava pior. A única coisa que me deu algum alento nesses dias foi meu amado trabalho, a produção de um filme curta metragem, ao qual me dediquei com afinco porque, além de tudo, distraia a minha mente. Estudando minha personagem em casa, eu conseguia um alívio, esquecia um pouco do sofrimento e conseguia relaxar.

E eram dias tensos e noites piores ainda. Eu sentia tanto pavor em passar mal que dormia com a porta da frente de meu apartamento aberta. Como eu tenho gatinhos em casa, colocava um banco grande para segurar a porta. Mas ela estava destrancada para caso alguém tivesse que me socorrer. Nossa, como isso é assustador!

Até hoje percebo se estou a ponto de uma crise ou não quando olho para a porta e sinto a necessidade de deixá-la aberta. Sensação horrível de insegurança.

Um trabalho salvador, 17 de fevereiro.

E chegou o dia das primeiras gravações do trabalho que me trazia algum alento em meio a tantas emoções perturbadoras. Meu grande problema seria aquele mesmo que eu já imaginava: o caminho da ida e da volta. De metrô. Ainda assim – e por pura intuição - eu já sabia como me virar nesses momentos.

Todas as pessoas do mundo naqueles dias eram meus salvadores. Toda a população da cidade de São Paulo ficou sabendo das minhas crises porque – não importava quem fosse – eu pedia ajuda, pedia para a pessoa conversar comigo para que eu pudesse me acalmar. E sempre recebi carinho e conforto de todas elas! As pessoas são bondosas quando percebem que você não está bem. Nunca mais encontrei nenhuma delas, mas a cada uma enviei uma energia de gratidão pela ajuda maravilhosa que me foi generosamente concedida.

E entre conversas mil no metrô durante o caminho, cheguei ao local da gravação e passei um dia relativamente tranquilo, embora não tenha conseguido comer direito, coisa que já vinha acontecendo no meu dia a dia. Terminado o trabalho, nova viagem tenebrosa para voltar prá casa. Sempre no mesmo estilo tagarelo de ser, que me valia conseguir chegar ao meu destino.

Foram momentos tão difíceis que eu simplesmente não conseguia sair de casa. Apenas saia para trabalhar. E nada mais. Sensação de que tudo era um grande filme de terror e que não teria solução e que nunca mais eu deixaria de sentir aquilo.

Sair para me divertir e distrair? Nem pensar! Nem ao teatro, que tanto amo, queria ir. Tentei várias vezes ir a peças que amigos estavam participando. Mas sempre o medo vencia. Pelo menos enquanto eu estava usando os remédios "normais" que me transformavam na pessoa mais anormal do universo.

Só quando me liberei deles, pude tomar decisões sem a pressão sanguínea me levando ao extremo da loucura. Aí, pude fazer várias coisas que me ajudariam no tratamento.

E a consciência de que ainda não estava curada me trouxe várias vitórias.

Final de fevereiro, carnaval de 2019. Ainda muito sofrimento.

Antes de tomar uma das decisões mais importante da minha vida, que foi parar com os remédios de alopatia e mudar drasticamente o meu tratamento, ainda passei por momentos muito pesados e difíceis no final de fevereiro e início de março, exatamente durante o carnaval em 2019.

Foram os dias das gravações finais do trabalho que eu estava fazendo e, na segunda feira após o encerramento, eu passei muito mal mesmo. Olhei meu rosto no espelho e vi minha pupila muito dilatada. Na hora percebi que isso me incomodava demais, me trazia a fotofobia e o pânico aumentava. Eu estava dopada. E isso estava acabando comigo. Eu não conseguia comer, meus ouvidos me incomodavam muito porque a pressão arterial estava alta para meu organismo. Eu não aguentava mais.

Como as pessoas da família estavam todas viajando, eu peguei um ônibus e fui para o pronto socorro. Realmente eu não me sentia bem, tanto que peguei o ônibus errado e só percebi quando ele mudou o caminho. Como foi difícil descer para pegar o ônibus certo... Estava perdendo tempo e eu estava muito mal mesmo!

Então, subi para o ônibus certo e já corri para conversar com o cobrador para me distrair, pois estava meio longe do pronto socorro de meu plano de saúde. Enfim, cheguei lá e consegui ser atendida – não prontamente – mas eu já estava no hospital e isso me tranquilizava um pouco.

Ao passar pelo atendimento, a médica confirmou que o remédio não estava fazendo bem ao meu organismo e, com o auxílio de um psiquiatra ao qual ela consultou, trocou a medicação. Sai de lá imaginando que essa seria a solução mesmo, até porque o remédio que ela receitou era o mesmo que meu pai e minha irmã costumavam tomar e – pensei eu – teria a meu favor a genética nesse caso.

Mas eu estava totalmente enganada! No dia seguinte, tomei o remédio novo e... Socorro! Fiquei pior... E mais triste ainda e com pressão mais alta ainda.

Basta! Chega! Disse a mim mesma que isso já estava ultrapassando o meu limite.

Depois disso, o que eu mais queria era mudar o meu caminho, retomar as rédeas de minha mente e de minha vida, tirar de mim aquele peso que parecia que nunca mais me deixaria! No fundo do meu coração, eu sabia que tudo aquilo que eu sentia desde o início da crise de pânico não pertencia ao meu mundo, pois não existia para mim a possibilidade de nunca mais retomar a minha paz. Isso estava errado!

E eu tinha certeza de que o que mais estava me atrapalhando e me trazendo dor era o remédio de alopatia. E realmente era. Já no dia seguinte, eu era outra pessoa, com meu organismo buscando urgentemente o equilíbrio que eu tinha perdido em algum momento. Em um passado distante ou recente, não sei.

Mas a sensação de nunca mais ter paz naquele momento me trazia mais e mais a certeza de que isso não era real, de que eu não podia ficar daquele jeito absolutamente! E eu, que ouço meu coração sempre, parti para outro caminho em meu tratamento, pois sabia que sozinha não sairia dessa armadilha em que cai. Sabia que iria precisar voltar à terapia, além de ter um suporte medicinal mesmo. E optei pela medicina homeopática. Sem agressão ao meu corpo físico. Em total contato com a minha alma e meu jeito de ser. Com a ajuda da tão amada e generosa Mãe Natureza. Graças a Deus!

21 de fevereiro, primeiro contato com uma associação beneficente.

Entre as informações que o psiquiatra me passou, tinha a da complementação do tratamento para síndrome do pânico com a terapia. Afinal, a ajuda de um psicólogo nesse momento é de fundamental importância. Depois que minha experiência com médico psiquiatra foi desoladora, entendi de vez que realmente seriam os psicólogos que poderiam me ajudar. E eu já tinha feito terapia durante cinco anos há tempos, então, esse era para mim um caminho que traria a segurança perdida.

No entanto, eu estava sem qualquer renda, sem trabalhos que pudessem dar a parte financeira necessária para tal procedimento. E, procurando na internet, descobri uma associação beneficente espírita, que tem um trabalho voluntário de atendimento voltado àqueles que estão sem emprego. No dia 21 de fevereiro de 2019 fui à entrevista de triagem e fiquei sabendo que poderia participar, mas também teria que aguardar em uma fila. Para não me deixar sem ajuda, eu poderia participar imediatamente de uma terapia em grupo, em um posto de saúde bem próximo à minha casa.

No dia 27 de fevereiro, comecei a frequentar esse grupo, cujo lema é "Quando a boca cala, o corpo fala. Quando a boca fala, o corpo sara". A Terapia Comunitária foi criada por um brasileiro muito inteligente e sensível e é uma terapia de total acolhimento, que permite que pessoa fale quando achar que deve falar, mas pede que ouça os companheiros, que querem e precisam dizer algo. Com isso, a pessoa aprende não só a ouvir, mas a ter a certeza de que seu problema não é o maior do mundo! E isso é só o começo.

Segundo li sobre ele e sua experiência em uma comunidade de baixa renda em um site na internet, esse trabalho fez com que ele observasse que, mais do que um remédio (o qual muitas vezes as pessoas não podem nem pagar) as pessoas procuravam apoio, queriam contar sua história e compartilhar sua dor. Porque compartilhar tira o peso do coração, alivia o fardo do silêncio, muitas vezes tão nocivo nesse caso.

Aprendizados fundamentais nos são passados na terapia em grupo, pois nunca imaginamos quantas pessoas passam por problemas sérios demais. Porque estamos envolvidos em nossos problemas, que também são sérios. Mas ouvindo aos outros, você passa a colocar um grau de importância em seus problemas e percebe que seu sofrimento não é o maior do mundo.

Durante esses encontros aprendi uma coisa uma importante, que tirou de mim um dos muitos fardos que eu carregava. No dia da fuga da cachorrinha, eu senti um vazio enorme no peito e, ao mesmo tempo em que eu gritava de dor por achar que nunca mais a encontraria, esse vazio que sentia me fazia pensar como eu era má porque, na verdade, eu não sentia dor alguma. Apenas gritava que eu sentia! Era o que eu pensava que estava acontecendo. Veja como somos maus com nossa própria pessoa!

Ao falar sobre isso em um desses encontros, recebi uma explicação que me aliviou muito e provou que eu não era má! Segundo a orientadora que acompanhava o grupo todas as quartas pela manhã, o nosso corpo sabiamente cria a sensação de vazio para nos proteger durante a vivência de uma dor imensa, pois — se isso não acontecesse - não suportaríamos a dor do momento.

Querida orientadora, você não imagina como essa sua explicação me ajudou e me ajuda até hoje! Nunca pude imaginar que essa reação era física, que tamanha foi a bondade de meu corpo, fruto da Natureza, naquele momento para que eu pudesse suportar aquela perda momentânea! Deus é demais mesmo, até nesses detalhes pensou ao criar o ser humano... E quanta coisa ainda nem imaginamos sobre Sua Criação!

Só para complementar, a primeira vez que participei desse grupo, eu ainda estava tomando remédios de alopatia. Em seguida, veio o carnaval e o auge do meu sofrimento com os efeitos colaterais dele. Mas, no encontro seguinte, eu já começava a ser outra pessoa, pois minha decisão pela homeopatia me trouxe a paz que eu estava buscando para me tratar de verdade, sem os efeitos colaterais que tanto incomodam e atrapalham a vida de um ser humano.

A cada encontro semanal, todos os participantes saiam de lá mais felizes, seguros e com o estado emocional como se tivesse recebido um delicioso curativo cheio de amor! Uma experiência que recomendo e reforço que é verdadeiramente transformadora.

Nem tudo é tão perfeito, afinal!

Mas, como sempre tem alguém prá atrapalhar (poxa, isso realmente não precisava ter!), um dia conversei com uma psicóloga e – acreditem – foi um dia muito chato esse! Eu contei para ela a minha história e me lembro das palavras, que só não atrapalharam todo o meu tratamento porque eu sentia na pele a grande melhora física e emocional graças ao meu remédio homeopático.

Segundo essa profissional, tudo o que eu estava fazendo em relação à homeopatia não adiantaria nada, a crise de pânico voltaria com força total e eu teria que voltar aos remédios de alopatia. E foi categórica. E ponto final. Mesmo ela se tratando com homeopatia (ela mesma contou isso), eu não teria saída.

Fiquei boquiaberta com as palavras dessa psicóloga para com uma pessoa que estava em tratamento! Naquele momento, eu estava frágil e poderia ter um desequilíbrio brutal com suas palavras. Mas – pareceu-me naquela hora – ela não estava preocupada com meus sentimentos ou sensações, apenas queria reforçar que ela estava certa porque trabalhava há 25 anos nessa área e sabia o que estava dizendo!

Graças a Deus, eu já tinha conseguido certo equilíbrio em função do meu tratamento côm a homeopatia e preferi nem rebater ou discutir com quem garantia que entendia mais de mim do que eu mesma.

Cada organismo, cada pessoa é diferente, tem suas próprias respostas a tudo nessa vida: doenças, remédios, conversas, conflitos, surpresas e por ai vai... Disso eu entendo, por simples observação.

Presto atenção a praticamente tudo o que acontece perto de mim, busco respostas para fatos que me surpreendem ou coisas que acontecem pelo mundo e surpreendem a todo mundo. Sei que NUNCA podemos fechar questão a determinado fato, até que todos os estudos relativos a ele tenham sido terminados. E – ainda assim – tudo pode mudar, graças a novas observações. NADA é definitivo nesse mundo.

E quem pensa assim pode ter momentos difíceis e sofrer muito com o fato de não ser uma pessoa flexível. O ser humano livre é flexível. Pode mudar de opinião e aprender coisas novas sempre. Isso é um presente de Deus a cada um de nós. Porque tudo é relativo.

E salve o nosso querido Albert Einstein, que tanto sofreu em perceber como usaram para o mal os seus estudos. Ele era um gênio. Aqueles que de sua inteligência se aproveitaram são seres que têm ainda muito, mas muito mesmo, para aprender. Mesmo que se rotulem "inteligentes e perspicazes".

E para cada mal, existe o Bem! A Luz nunca deixa a treva sozinha em sua loucura.

O segundo semestre de 2019 me trouxe outro presente para reforçar meu tratamento da síndrome do pânico. Demorou, mas finalmente consegui um horário com uma terapeuta por meu plano de saúde. Seria uma terapia breve, porém foi especialmente importante para mim.

Desde o início, percebi a boa vontade e a real preocupação da profissional com a minha pessoa e, a cada sessão, ela me ajudava a descobrir detalhes do que eu precisava resolver e mudar em minha vida. Compreendeu, após alguns testes com perguntas e através de nossas conversas, que eu tinha uma hipersensibilidade, era muito responsável e fazia muitas coisas importantes que exigiam de mim muita atenção e disciplina, ao mesmo tempo.

Rapidamente ela disse para eu prestar atenção a isso e não pegar mais coisas para me responsabilizar, uma vez que o stress estava sempre bem pertinho de mim. "Afinal – ela dizia – você não pode obrigar as pessoas a serem como você. Responsabilidade, percepção, empatia e por aí vai, são coisas suas. Não ultrapasse esse limite e você conseguirá manter-se equilibrada."

Além disso, ela me fez entender que eu sabia como a crise acontecia e já podia ter controle sobre ela, pois – afinal – era isso que eu estava dizendo durante as sessões. Ou seja, ela me devolveu a confiança de que sou eu que mando em minha mente e em meu corpo. E que eu não precisava brigar comigo por isso, mas – simplesmente – tomar posse desse fato.

Uma frase fundamental para cada momento em que a crise de pânico rondava para ver se eu estava atenta era "Já passei por isso antes. E vai ficar tudo bem!"

Quando eu trazia isso para minha consciência, percebia que a chatinha da crise de pânico perdia sua força, colocava o rabinho entre as pernas e saia de lado. Claro que ela ainda fica perto para ver se eu estou atenta! Acho mesmo que ela nunca vai embora. Mas só porque tem medo da solidão. E como ela sabe que esse medo eu não tenho, faz carinha de coitada – e de maquiavélica também. Porque pensa que eu não vencerei essa batalha. Mas eu JÁ venci. Porque sei que não devemos subestimar um inimigo, mas – sim – respeitá-lo.

E eu não quero brigar com a crise de pânico. Só quero ignorá-la de tal modo que um dia esquecerei que ela existe. Mas não me esquecerei das armas para combatê-la! Isso não!

Esquecerei essa chata como acontece com um grande amor. Sabe aquele cara que você tanto amou um dia, mas ele te deixou e foi difícil esquecê-lo?

Porém, um belo dia você conseguiu e agora ele nada mais significa e você pode seguir sua vida?

Pois é, simples assim!

E como fica a minha Alma?

No momento em que a crise chega pertinho de você, a sensação de que o pânico quer invadir sua Alma é uma coisa muito forte. Parece que a Alma desgruda do corpo e quer correr de tanto medo, correr muito, em direção a lugar nenhum, simplesmente quer fugir daquelas sensações ruins que uma crise de pânico impõe ao seu corpo físico.

Parece que você vai morrer e que não consegue fugir dessa pesada sensação que deseja te dominar. Mas – depois que entende que ela não é real – vai retomando aos poucos o equilíbrio. Mas é aos poucos... Bem devagarzinho. E a gente tem que buscar uma distração que tome nossa atenção, tome a atenção de nossa Alma. Algo que pegue nossa Alma pelas mãos e a acomode novamente dentro do nosso corpo. Suavemente.

Durante aquele mês terrível em 2019, de "adaptação" às drogas legais, sempre que eu saia na rua pedia ajuda a quem estava ao meu lado, no metrô, no ônibus, em qualquer lugar, pedia para que conversassem comigo para eu acalmar porque estava com crise de pânico. Sempre recebi carinho de vários e muitos desconhecidos naqueles dias. E isso sempre me ajudou a levar aqueles momentos fora de casa de uma maneira menos insuportável. Sei que já falei sobre isso, mas preciso reforçar que isso é fundamental: pedir ajuda.

Porque crise de pânico é algo muito insuportável! Ela realmente deseja cortar em pedacinhos a confiança, a Fé e a saúde. A crise de pânico é uma mulher má e desalmada, que deseja enlouquecer as mentes e se aloja, sem piedade, bem dentro da fragilidade do ser humano. Mas, somente faz isso porque ela mesma é muito frágil e porque é filha da própria Ilusão.

Se você que passa por isso prestar bem a atenção, perceberá a verdade. Afinal, Deus não criou o ser humano para ser infeliz e muito menos escravo de nada que lhe traga desequilíbrio. Os filhos de Deus existem para a Liberdade. Porque Deus é Liberdade.

27 de abril de 2020 (quarentena)

Até que tudo se normalize, quero enxergar a vida em preto e branco. A loucura fica mais suave assim, parece um filme antigo, mudo e inocente. Embora não tenha nada de inocente, pois as grandes guerras aconteceram quando o mundo ainda era em preto e branco.

Essa noite foi estranha... Acordei com barulho de gritaria pelas janelas como estão fazendo de dia. Mas parece que isso foi um sonho porque, quando eu perguntei aos vizinhos no dia seguinte, ninguém ouviu nada. Mas esse barulho me acordou e eu senti a crise com seus passinhos aterrorizantes bem do meu ladinho. Fiquei com medo.

Levantei, preparei um chá e tomei um calmante fitoterápico para tentar relaxar os ombros que estavam como um cabide que segura um paletó! Sabe aquele cabide que tem dois "ossos" duros e é grosso para aguentar o peso da roupa? Pois é... Meus ombros estavam rígidos desse jeito. Há quanto tempo estou aguentando o peso desse mundo louco?

Dizem: "vai passar"!

Leio: "vai passar"!

Escuto: "vai passar"!

Decreto: "vai passar"!

Repito: "vai passar"!

Espero.

Mas, se nunca passou, será que vai passar mesmo? E pronto! Minha Fé fica abalada. Ou será que apenas tudo isso que sinto é a soma do que milhões de pessoas estão sentindo e aí eu fico desconcentrada da alegria e concentrada na dor?

Não é uma boa coisa concentrar-se na dor. Ela é traiçoeira, assim como a crise de pânico. Descobri que essa concentração na dor me traz pensamentos ruins porque eu os transformo em dores que se passariam com as pessoas as quais amo muito. E aí vem o pânico.

E é isso que estou buscando mudar. Porque esse é um dos caminhos que a crise de pânico pega para tentar vencer minha mente e meu ego. Porque a mente precisa de disciplina e o ego, de humildade. E a crise sabe disso e te deixa absurdamente confusa com tudo o que se passa dentro de você quando o pânico quer chegar pertinho.

Descobri que estar muito preocupada é minha zona de conforto. Meu ego deve gostar muito disso, pois é um ego masoquista e não está preparado para a plenitude da felicidade. Sim, porque eu sou feliz. Felicidade é um estado de espírito. Mas tem que ser também um estado de corpo: não ter enxaqueca, estar com pescoço e ombros relaxados. Sim, essa é uma felicidade diferente daquela do coração. E a união dessas duas coisas é a plenitude.

Quero ter paz interior porque sei como ela faz bem! Esse é o terceiro grande momento em minha vida que ela me deixa e permite que apareça essa chata dessa crise! Não quero e não vou mais passar por isso. Esse livro é o meu instrumento de cura definitiva. Porque contar uma história é terapêutico e - através dela – consigo enxergar a realidade. A crua realidade. Que é ótima, simples e contém a felicidade. Só porque não vive de ilusão.

Em uma tarde de abril de 2020 (quarentena)

Você sabe que ultrapassou o limite da sanidade quando se excede na comida. Isso acontece para mim e para um bom número de glutões. Algumas pessoas se excedem na bebida, nas drogas lícitas e ilícitas. Outros, mais contidos com a violência contra si mesmos, desandam a falar muito ou a não falar nada. Somos humanos imperfeitos, vivendo em mundo de dualidade. Por isso experimentamos a dúvida, a fé balançada, o negativismo e as inúmeras crises da mente.

Mas, ao mesmo tempo em que temos toda essa carga negativa, que nos coloca a andar em cordas bambas e a pisar em ovos, temos toda a energia positiva a nosso alcance para transformar. Mas é preciso querer a transformação. Como exige certo grau de esforço e disciplina – ou seja, de boa vontade mesmo – não seguimos por esse caminho. Preferimos a mesmice do desânimo (coisa chata!), a inércia da tristeza sem fundamento (porque a tristeza de verdade passa logo), a pseudoatenção que nos concede o "vitimismo". Como somos tolos! Seguimos pelo caminho mais difícil e doloroso. Por pura vaidade do ego, esse grande babaca controlador!

Se não tomarmos atitudes para combater o negativo, não sairemos do lugar por mais que tenhamos ajuda profissional ou de pessoas amigas. A parte que é nossa ninguém mais pode fazer.

Em busca de soluções, sigo em frente para chegar a algum lugar onde eu esteja a salvo das crises de pânico. Não sei ainda onde é esse lugar, mas sei que é nele que quero estar.

Madrugada de primeiro de maio de 2020 (quarentena estendida)

A senhora dona "crise" me acordou novamente. Como ela é chata! E manipuladora. Qualquer coisa é motivo para ela me acordar e me aborrecer muito. Está certo! Então, me levantei e tomei duas gotinhas do meu remédio de homeopatia. E resolvi escrever. Estou pensando que essa "crise" tem um ego avassalador... Mas se ela está pensando que ficarei falando dela, tem toda razão. Afinal, está sendo minha inspiração nessa história.

Mas minha intenção para com ela não é das melhores. Estou trazendo a público sua manipulação para que – definitivamente – ela se envergonhe de ter sido desmascarada e vá embora de vez de minha vida! No fundo, no fundo, ela sabe disso.

Pensando bem, a crise de pânico pode ser um instrumento Divino para que eu procure me conhecer melhor. Para que eu descubra e investigue a fundo onde ela nasceu, como cresceu e se fortaleceu com o passar dos anos. Bom, se eu pensar dessa maneira, de repente, até posso aliviar para o lado dela... Mas sem me afeiçoar, absolutamente! Quando muito posso tornar-me grata pelo movimento que ela me obriga a fazer. Mas isso é tudo. Porque ninguém gosta de se sentir mal toda hora, não é mesmo?

O interessante é que, nesse momento de pandemia, com todo o terror que vemos através da mídia que retrata a vida, a crise pode ser uma aliada para a nossa busca pelo relaxamento. Porque o primeiro passo é a distração para a mente. Isso é quase que ir atrás de ar puro para voltar a respirar normalmente. Ou seja, é ir atrás de pensamentos menos pesados para suportar todo o terror das notícias maléficas. Ora veja, encontrei algo pior que a crise de pânico: a manipulação do terror.

Vida moderna difícil. Mas – certamente – não é pior do que em outros momentos pelos quais o mundo passou em várias diferentes épocas. Agora, pelo menos, temos como nos comunicar rapidamente, não ficamos tão isolados e podemos nos ajudar uns aos outros em tempo real. Sorte nossa!

Olhando com outros olhos, dia 10 de maio, dia das Mães (quarentena).

Primeira vez na minha vida em que passei o dia das mães sem meu filho. Porque fiquei sozinha em casa, obedecendo a regras que foram impostas desde o isolamento. Claro que foi opção minha, uma vez que sei que muitas pessoas se reuniram. Mesmo aqueles que dão conselhos e incentivam o isolamento. Como fui até a casa de meu pai levar algumas medicações para ele, preferi me recolher no domingo. Por precaução e proteção.

E acordei nesse dia um tanto estranha. Logo cedo, fiquei pensando como voltaremos à vida em sociedade uma vez que está tudo confuso e não sabemos exatamente nada sobre esse vírus. Recebemos informações de todos os lados, de muitas vertentes, muitos fakes. Por isso não sabemos exatamente qual é a realidade.

Para garantir de alguma maneira a saúde, estamos em casa, saímos para o básico do básico. E usamos a máscara para proteção especialmente do próximo. Por conta desse dia em que me senti estranha e nem sei em que sentido, pensei por um momento em que colocar no lugar do pânico.

Será que posso ocupar o lugar dele e tentar entender como ele funciona, como surge e a que veio? Não sei. Até tentei. Mas não consegui.

"Prazer, eu sou o Pânico."

Até tentei, sabe? Mas ele ainda me rondava e me deixava muito confusa. Percebi que eu ficava com medo de coisas bobas. No dia seguinte, eu estava me sentindo bem, mas inventei de passar no rosto uma máscara de pepino que comprei há tempos. Ela estava na validade, mas depois que limpei o rosto, comecei a achar que me deu alergia aquela coisa.

Então, antes que eu me apavorasse mais, tomei um antialérgico. Assim eu garantiria à minha mente que –

mesmo se isso fosse verdade – eu já estava protegida. Depois de um tempo, o remédio começou a me dar sono (claro!). E, então, o medo ficou maior. Pensei que estava tendo um treco. Vocês percebem como é ruim uma crise de pânico? A gente enxerga coisas onde não tem. Fui até o espelho para olhar aos meus olhos e dizer: "Calma! Está tudo bem!"

Mas, aí, coloquei minha língua prá fora e achei que ela estava roxa. (Não estava, era apenas mais uma ilusão). Fiquei apavorada porque me lembrei de que, quando criança, com 11 anos de idade, minha tia querida, irmã da minha mãe, uma vez achou que a língua dela estava roxa e disse: "Nossa, minha língua está roxa! Será que vou morrer?".

Pobre tia querida! Ela estava lutando contra um câncer terrível, em uma época sem qualquer tratamento. A não ser um tratamento absolutamente natural com o conhecido médico espiritualista Dr. Franco, que permitiu que ela vivesse sem dores por quatro anos.

Essa "cena" da língua roxa jamais saiu da minha cabeça, tanto que até hoje eu fico checando minha língua quando me sinto mal. Ela está sempre cor de rosa, claro! Mas hoje essa crise de pânico ridícula até isso quis alterar. Não deixei. Sei bem o que estou vendo ou não. Mas como é insistente... No mesmo momento em que me sinto melhor, ela toma a minha mente e afeta minha segurança. Intensifica minha culpa e usa isso para me torturar. Que coisa mais irritante!

17 de maio de 2020, um momento difícil na quarentena.

Desde ontem estou me sentindo estranha, uma sensação que eu não saberia definir. Às vezes acho que não é coisa minha, que são energias que percebo do mundo, das pessoas que estão sofrendo muito nesse momento, que estão carregadas de dúvidas e medos. Sinto-me como se estivesse fora do ar, vivendo estranhamente. Não sei o que acontece, de verdade.

Mas sei que esses dias assim devem passar. Ou não. Eu cultivo a Fé, acredito que tudo o que acontece tem um propósito muito maior e tenho uma certeza muito forte em meu coração de que nada está fora do lugar. Por isso, quando me sinto estranha assim, imagino que pela minha cabeça passam vibrações vindas de muitas almas doloridas.

Mas tudo logo passa, graças a Deus! Porque isso acontece apenas para que as pessoas tenham algum alívio.

Se pensarmos bem, quantas pessoas devem estar passando por crises de pânico, ansiedade e depressão nesses momentos de pandemia! Quantas pessoas estão precisando de ajuda! E quanto à indústria farmacêutica está esperando para lucrar com isso e preparar-se para garantir a dependência química de seres em sofrimento!

Que pena tudo isso! Se tivéssemos acesso ao verdadeiro equilíbrio que vem da Natureza, praticamente sem custo, nossa vida mental seria muito mais saudável.

22 de maio, mais um dia com a crise por perto.

As pessoas dão um conselho que nunca consegui seguir quando estou muito nervosa: respire fundo e vá acalmando. Sente-se em um lugar calmo e... Por aí vai! Muito difícil fazer isso. Porque quando você está no limite do limite do nervoso, respirar profundamente dói muito... Pode ser que não exista outra solução. Mas dói fisicamente respirar fundo.

Hoje o dia está nublado, estou com preguiça e preciso recuperar minha energia. Tenho várias coisas interessantes para fazer, inclusive escrever esse livro. Agora mesmo, lembrei-me de um livro que amei ler quando eu tinha uns 10 ou 11 anos: "O diário de Ana

Maria". Reli tantas vezes que posso dizer que amei ler esse livro dos 10 aos 11 anos de idade.

Foi quando compreendi que nossas vidas podem valer uma boa leitura, se a história for contada com verdade. Outro diário que amei ler, porque além da verdade trouxe muitas lições de como se comporta a humanidade, foi "O Diário de Anne Frank". Apesar da enorme diferença de motivos, ele fala sobre confinamento e de isolamento e de medo. Muito medo.

Nesse livro, o medo da morte é real, não existe a ilusão criada pela síndrome do pânico. Embora ela esteja lá. Na porta. Mas Anne Frank era sábia, lidou bravamente com a situação, embora a vivesse pela primeira vez. Ou melhor: será que ela sabia mesmo? Ou teve que aprender para viver com aquela situação até quanto ela pode sobreviver a ela?

Como está a nossa vida? Digo, em comparação com as pessoas que estão sofrendo fisicamente pela dor, pela fome, pela solidão de verdade? Sim, é claro que cada um tem a sua história, seu trajeto único, seu viés de Alma. Bonito isso! Mas, não é apenas uma licença poética, é uma realidade.

E como sobreviver à realidade? Porque cada um está aprendendo com sua realidade, aquela que foi germinada durante a vida e que se deu por conta dessa mesma semeadura. No seu presente momento, você vive aquilo que plantou no seu passado e está plantando agora novas sementes para colher no seu futuro! Muito complicado? Não!

Veja: se hoje você come muito, exagera no doce ou nos condimentos, provavelmente no seu amanhã poderá passar boas horas no banheiro, vomitando ou com diarreia. Ou, em casos mais leves, tomando antiácido para aplacar dores no estomago.

Com nossas atitudes acontecem a mesma coisa.

O Senhor Medo pediu um espaço para falar. Aí está:

"Engraçado! Eu nunca pensei em tomar posse de minha vida e explicar como eu surjo ou mesmo de onde venho. Mas, essa semana, ouvi alguém dizer que eu começo como um Medo pequeno, cresço, torno-me uma Ansiedade e – mais forte ainda– me transformo em um Pânico.

Enquanto bebezinho eu era, então, apenas um simples Medo. E eu que pensava que era poderoso desde pequeno! No dicionário, em termos psicológicos, medo significa *estado afetivo suscitado pela consciência do*

Será?

Está certo, isso tem alguma lógica. Mas alguém já perguntou para mim o que eu sinto? Vocês humanos vivem se perguntando de onde vieram, para o quê vieram e para onde irão. Se permitirem que agora eu também me apresente ou, ao menos, tente me entender, quem sabe novas respostas poderão surgir?

Nunca curti muito o meu nome mesmo. E isso porque – de verdade – ninguém acredita que eu seja real. Sempre dizem que sou "sem fundamento". Oras, se não tenho motivo determinado, de onde surgi? Se não existo de verdade, porque tantas pessoas sofrem por me terem ao seu lado? Um amigo imaginário, então, pode ser algo ruim afinal.

Eu não entendo. Se realmente sou fruto da imaginação das pessoas por que as faço sofrer tanto? Eu não sou tão mal assim! Até protejo as pessoas de exagerarem em algumas atitudes. Normalmente, eu faço parte do passado. Existo porque, em algum momento, estava tentando te proteger. Mas você não pode se lembrar de mim como algo que já aconteceu e - oh! – cuidado, acontecerá de novo! Nesse momento é o *seu* exagero em relação a mim que está acontecendo. Eu - o Medo - não existo para te prejudicar! Isso é você quem faz por si mesmo.

Se você ouvisse mais – e soubesse ouvir – a sua intuição (de verdade!) não sentiria esse Medo exagerado, que tanto te atormenta. Eu disse: não existo para atrapalhar a sua Vida. De verdade!

Eu trabalho de mãos dadas com a sua Intuição. Para te ajudar, te proteger. Nunca para te acomodar e nem paralisar você. Isso é com você e com sua mente complicada.

Que tal pensar sobre isso e compreender de vez o que te leva ao Pânico? Claro que normalmente é fácil entender que você não quer passar novamente por momentos muito dolorosos. Mas pense: você passou por isso por um motivo e, naquela hora, você sentiu Medo de uma situação real. Agora, você vai até o seu inconsciente e traz à tona aquela sensação horrível por "imaginar" que poderá acontecer novamente. Isso tem um nome: trauma. E lá vai você entrar em Pânico com medo do passado.

Esse não sou eu, o Medo. Nem me visto com as roupas do desespero: o Pânico. É você que busca aquelas emoções intensas em seu interior e acredita que tudo vai se repetir. Esse é o momento de você entender o que está acontecendo e controlar sua respiração e sua mente. Para não entrar num caminho de loucura desequilibrada, daquela loucura que faz mal até o ponto de afetar seu corpo físico em detalhes.

O ser humano terá que compreender o mal que faz a si mesmo com suas dúvidas, suas inseguranças, suas atitudes impensadas, seus tormentos pessoais.

Bem, era isso que eu tinha para falar. Agradeço a autora por esse pequeno espaço a mim oferecido. Até porque ela mesma perguntou isso tudo tantas vezes, tentou entender os motivos do Medo, não apenas que ela sentia, mas daquele que outras pessoas tanto falam.

Isso é o que eu – o Medo – tenho a dizer. Espero ter ajudado de alguma maneira".

Mundo em desequilíbrio

O ano de 2020 está sendo vivido com grande energia de medo por parte das pessoas, em todos os lugares do mundo. Isso fortalece essa energia que está sendo usada habilmente por aqueles que querem espalhar o mal.

É muito desolador ter que lutar contra o pânico todos os dias. Claro que ler ou ouvir as notícias sobre a pandemia é o que mais atrapalha minha vida. E a de muitas outras pessoas. Que atitudes tomamos para nos proteger de algo que ninguém entende ou consegue vislumbrar uma cura?

Como nos proteger de informações diversas, que mais atrapalham do que ajudam, sejam elas vindas de pessoas que respeitamos ou não? A dor que o pânico causa é muito grande. Mas a Força que ele nos traz é maior ainda. E disso alguns ainda não sabem.

Sinceramente, seria muito interessante alimentarmos essa Força e todos os aprendizados que recebemos com todas essas crises de nossa mente. Claro que estou falando de mentes que não estão totalmente entorpecidas e têm ainda algum resquício de consciência limpa. Limpa da química, que transforma nossos nervos em fios de alta tensão.

Não tem como esquecer tudo o que senti na pele, nos ossos, nos nervos e em todos os meus órgãos do corpo durante quase um mês de sofrimento intenso. Infelizmente foi uma dor inesquecível. Mas de um aprendizado incomparável. Porque daquilo que você sente, pode falar com conhecimento de causa. Não é "achismo". E assim você pode realmente ajudar a outras pessoas.

E pode também pesquisar, estudar, buscar entender detalhes, debater até chegar a conclusões importantes. Que devem ser compartilhadas.

Difícil de entender, julho de 2020.

Depois de um intervalo relaxante com a crise de pânico levemente adormecida, o mês de julho trouxe de volta aquelas sensações da chegada de uma crise, quando o medo e a insegurança se misturam e a mente doente quer tomar conta do corpo emocional e chegar ao corpo físico.

Por que eu chamo minha mente de doente? Porque ela vai e volta de um caminho que não é saudável, que ela já conhece e – às vezes – não consigo entender o motivo do que acontece. Por isso penso que apenas porque está doente ela busca essa saída, mesmo sabendo que a dor é intensa. E que ela não precisa disso. Parece até um vício... Desses bem difíceis de largar!

Um viciado também está doente, por isso faço essa comparação. Mas ainda estou tentando entender o que acontece e o porquê acontece.

O que aconteceu no caminho chamado Vida, que trouxe essa sensação angustiante para dentro do meu coração? Com essa pergunta, descobri que – por outras duas vezes – em diferentes momentos, senti essa sensação, vivi esses momentos de desequilíbrio. Gostaria de entender cada um deles e me livrar de vez desse vazio dolorido, que são os momentos de crise de pânico. Eu sei que são crises de pânico. Porque todos esses momentos têm um elo em comum: o medo.

Aquele medo que ultrapassa o normal, que parece que te vai levar a um lugar sem saída, um desconhecido lugar de intensa sensação de insegurança e sofrimento. E só porque eu consigo ficar sozinha, embora procure por pessoas que me ouçam quando fico com essa sensação, me disseram que isso não é crise de pânico. Desculpe. Mas eu sei o que sinto.

Quando a crise de pânico fica mais forte, a primeira coisa que a gente quer é conversar para se distrair. Tirar da cabeça aquele peso de não saber o que vai acontecer no próximo minuto e estar apavorada por isso.

Mas, oras! A gente nunca sabe o que acontecerá no próximo minuto! Será que essa crise também desperta o medo de não ter o controle da Vida? Mas não temos mesmo o controle de nada! Essa é outra grande ilusão!

Digamos que essa confusão não ajuda em nada a nossa mente doente.

27 de setembro. Quarentena relaxada, mas todo cuidado é pouco.

Esse livro é mais do que um breve relato. Ele se transformou em um instrumento de cura de verdade para mim, de tratamento comprovado. Porque há um bom tempo não ouço os passinhos maldosos da crise muito perto de mim.

Ao fazer a revisão desse texto, percebi como é nítida a diferença de quando escrevo sob a pressão da crise de pânico e quando não. Quando a crise está ao lado, esperando o momento para atacar, parece que estou com os nervos à flor da pele (e estou mesmo) e fico me defendendo dela com o escudo protetor das palavras. Porque as palavras têm energia.

Por outro lado, quando estou em meu equilíbrio perfeito (bem, o mais perto do que seja perfeito para mim), sem a sombra do medo, o texto escorre pelo papel com mais suavidade, sem resquícios do sofrimento que é vivenciar uma crise de pânico. Por isso, fiz questão de fazer esse livro a duas mãos: a mão da autora ensandecida e a sua versão da normalidade. Com todas as licenças das loucuras de um mundo moderno, exalando um capitalismo selvagem e tantas outras selvagerias às quais o ser humano se dá o direito de fazer. Que pena.

Mas eu acredito que o mundo ficará diferente e isso não vai demorar. Sei que a pandemia de 2020 conseguiu modificar vários corações. Os mais endurecidos nem se tocaram da gravidade do caso. E os caminhos Divinos nos mostram muitas coisas, mas uma única saída: o Amor.

Uma das coisas que eu aprendi desde 2019 é que o medo não é maior do que a gente. Não é maior do que o Amor, não é maior do que a Paz. O medo é apenas um instrumento daqueles que conhecem nossas fraquezas e fragilidades para nos atacar. Porém - e sempre tem um porém – isso só acontece quando nós mesmos (que somos um dos nossos grandes inimigos) nos acomodamos, ficamos parados esperando cair do céu a nossa cura.

Deus nos ajuda a enxergar onde está o problema, nos fornece inúmeras lições para o aprendizado e – ainda assim – insistimos em não ver o que é preciso ser feito. Cada um de nós tem que buscar em si esses sinais, receber de coração aberto e consciência as mensagens e colocar em marcha a sua própria evolução. E a sua cura.

Importante conversar sobre o assunto.

Não podemos deixar de lado a ajuda de outro ser humano, embora a cura esteja dentro de nos. Porque, normalmente, nós somos péssimos interpretadores de nossos problemas e a opinião e outra pessoa pode ajudar.

Ou não. Mas é importante ter acesso a essa opinião, a outra maneira de ver a vida, de enxergar os acontecimentos.

Por isso fazer terapia é uma coisa importante para o tratamento das síndromes pelas quais podemos passar ao longo da vida. Definição de síndrome (cópia de uma pesquisa ao Dr. Google):

1. 1.
   MEDICINA
   conjunto de sinais e sintomas observáveis em vários processos patológicos diferentes e sem causa específica.
2. 2.
   FIGURADO (SENTIDO)•FIGURADAMENTE
   conjunto de sinais ou de características que, em associação com uma condição crítica, são passíveis de despertar insegurança e medo.
   "a s. da Terceira Guerra Mundial"

Síndrome não é mesmo uma palavrinha muito fácil! De se dizer e de se sentir. Por isso, quando ela se faz presente em nossa vida, é importante buscarmos ajuda.

Para mim, a ajuda não veio dos remédios de alopatia que, em outras tantas vezes, realmente me ajudaram a curar meu corpo. Mas – engraçado – eu acabei desenvolvendo alergia a alguns deles após um tratamento dentário quando eu estava com 40 anos de idade. Depois disso, fui "obrigada" a recorrer a eles apenas quando a necessidade era muito forte e – ainda assim – dei trabalho aos médicos pra buscarem algo que não desencadeasse a alergia.

Em 2005, após 20 dias de hospital por conta de uma "pio artrite" no joelho direito, fiquei com febre durante 18 dias até que os médicos encontrassem um antibiótico ao qual eu não tivesse alergia e me curasse de vez. Essa é uma doença séria, veja abaixo a definição, novamente segundo o Dr. Google:

*"A **pio artrite** é uma infecção causada por bactérias que acomete as articulações do paciente. Assim como a osteomielite, a **pio artrite** é uma doença grave que necessita de tratamento médico o quanto antes."*

Naqueles dias, eu tive algumas sensações de pânico, mas eu não as compreendi e achei apenas que era um medo natural de quem está no hospital, tratando de uma doença grave. E eu passei por alguns "sustos" quanto ao tratamento, pois em alguns momentos, queriam me levar para a câmera hiperbárica.

Quem não conhece, esse é um "aparelho" que simula você estar em um submarino, lá embaixo no mar, onde você não pode sair de jeito algum! Claro, essas são palavras de uma pessoa leiga, mas fã de seriados médicos e que conhecia muito bem essa história! ☹☹

Em palavras corretas, a medicina Hiperbárica é usada para cicatrização de feridas e para combate às infecções. Ou seja, respirar o oxigênio puro que essa máquina "produz" faz as pessoas se curarem das infecções. Mas, naquele momento de extremo stress, tudo o que eu não precisava era sentir claustrofobia. Porque eu não consigo ficar em lugar totalmente fechado e saber que não posso sair a qualquer momento.

Mas toda essa explanação é para te dizer que, mais do que as medicações em casos de síndromes, precisamos de terapia. Com profissionais com os quais temos afinidades de pensamento. Com profissionais de nossa confiança, para que a nossa autoconfiança perdida (em casos de síndrome do pânico digo isso por mim, pela minha experiência) volte para nós.

Não faço aqui apologia contra medicações alopatas. Como eu disse no prólogo desse livro, eu conto uma história. A minha história. De sofrimento emocional. E agora contei também uma história de dor física. Mas que agravou, por assim dizer, meu estado emocional.

E eu fui descuidada. Depois desse episódio do hospital, não voltei para a terapia para cuidar desse trauma de alguma maneira. Talvez também por isso a crise de pânico que tive em 2019 tenha sido bem forte.

E como está a sua busca pela Espiritualidade?

Eu gostaria de falar mais uma coisa, bem rapidamente: sobre o caminho da cura pela Espiritualidade. Você não acha uma delícia quando acorda e está com a sensação de paz, de alegria, de plenitude? Por que perdemos isso ao longo do dia? Onde está a nossa Fé, nossa força de vontade de não perder, nem por um só minuto, a nossa forte ligação com o Criador?

Somos crianças desatentas. Por isso deixamos o medo, a ansiedade e a tristeza e tantos outros sentimentos nos atrapalhar o caminho!

"Ah, garota, isso é físico e você só pode lutar contra esse mal tomando remédios!"

Drogas, você quer dizer, não é? Mas eu te pergunto: como o mal pode combater e vencer o mal, senão for através de um mal maior ainda? Eu não quero que o mal fique cada vez maior e faça eu me sentir cada vez pior! Onde está a lógica da Cura nisso tudo? E eu vou insistir nesse meu ponto de vista até que me provem o contrário. Porque eu vivi tudo isso, senti na pele muita dor.

Por que tenho que discutir, conversar, discordar ou concordar do que me dizem? PARA APRENDER! Para conhecer a Verdade. Ela é que nos libertará. Jesus sempre disse isso para os homens quando esteve fisicamente por aqui. E mesmo da dimensão onde está nosso Amado Mestre, Ele jamais deixou de nos enviar essas mensagens.

E onde está essa Verdade? Por que muita gente insiste em dizer que ela é relativa? Exatamente para que cada um de nós nunca a encontre. Não existe verdade relativa. Existe a VERDADE. Ponto final. E ela realmente está dentro de cada ser criado pelo Pai.

E aí você me dirá:

- Está vendo? Até você está dizendo que cada um tem uma Verdade!

Não estou não! Estou dizendo que TODOS nós temos a única Verdade do Pai Criador dentro de nós. Sabemos o que é certo e o que não é. E o nosso coração está sempre nos avisando sobre tudo.

Se você não acredita, preste atenção ao seu interior quando estiver fazendo algo errado, que pode prejudicar a você ou a outro ser, e perceba o que sente dentro do peito. A não ser que você seja uma pessoa muito doente espiritualmente, poderá perceber que recebe um aviso dentro de seu próprio ser. Aliás, até as pessoas doentes espiritualmente recebem. Elas apenas ignoram. Só isso.

Não ignore mais o que diz o seu coração. Ele é a voz de Deus dentro de você, é a sua intuição, seu Anjo da Guarda, seu Eu Superior. Não importa que nome você dê a essa voz. Ela é a sua Salvação. Porque ela sabe o que é melhor para você, te protege de perigos e orienta suas decisões.

Deus é um Pai maravilhoso mesmo, não é verdade?

Cuide de seus pensamentos, vá atrás de conhecimento.

Uma mente doentia é aquela que se acomodou nos fortes pensamentos de baixa energia porque esses pensamentos são "espertos" e causam emoções. E os bons pensamentos, as energias limpas de Luz, são suaves e sutis. Mas isso não quer dizer que elas sejam menos poderosas e que estão distantes de nossas emoções! Muito pelo contrário. Elas simplesmente estão acima das vibrações pesadas às quais estamos acostumados. E essa é a "vantagem" (não vejo vantagem nisso, enfim!) daqueles que querem que o mundo continue cheio de medo, de pânico, de ansiedade.

O ser humano precisa entender esse processo dentro de si, precisa parar de se denominar como vitima e tomar as rédeas de sua própria Alma. Nós precisamos acabar com as "facilidades" que acreditamos existirem nesse mundo de valores invertidos.

Precisamos uns dos outros para exercer o Amor. Mas alguns - que se acham espertos - usam isso para manipular, para deter um poder ilusório de posse e esperteza. A tal história dos mais fortes sobrevivem e os mais fracos sucumbem. Sucumbe aquele que é acomodado. Não falo da luta entre animais na Natureza, isso é outra história, um degrau da evolução de um dos Reinos criado pelo Pai.

Cada ser humano escolhe seu caminho e deve arcar com as consequências de suas decisões. Em minha história, eu contei para vocês o motivo pelo qual eu optei por um tratamento natural, sem química, para um problema tão sério como a síndrome do pânico. Mas essa é a minha história, minha experiência. O que eu recomendo para alguém que está passando por esse problema? Coragem.

A coragem de ouvir seu coração e decidir o que é melhor para você. E a coragem de arcar com as consequências de sua decisão. Isso significa que você arcará com a alegria da decisão certa. E isso é maravilhoso e faz parte do seu processo de cura.

Penso que esse é o verdadeiro momento da cura de cada um de nós. De verdade! Porque parece que somos ensandecidos! Só que não.

Somos filhos da Luz, de verdade.

Olá! Muito prazer!

Só para você me conhecer um pouco melhor, sou jornalista formada, escritora e atriz. Meu primeiro livro –

"A Ordem do Caos", publicado pela editora Mundo Maior – foi lançado no dia nove de março de 2013 e virou peça de teatro no ano seguinte. Depois disso, eu também comecei a atuar nos palcos e me tornei atriz profissional em 2016. Atualmente sou autônoma em minhas três profissões.

"Mulher Ensandecida, SQN – Pequeno Diário de Um Pânico" é meu segundo livro e primeiro e-book. Se você quiser conversar comigo sobre esse livro meu e-mail é o regina@hennies.com.br e ficarei muito feliz com seu contato. Estou muito agradecida por você ler esse livro. Espero que tenha gostado.

Um grande abraço para você,

Regina Hennies